Las 33 Leyes del Tenis

33 Conceptos para Mejorar su juego

Joseph Correa

Los tenistas profesionales comparten los secretos de su oficio en este libro

DERECHOS DEL AUTOR

© 2016 Finibi Inc

Todos los derechos reservados.

Este libro o cualquiera de sus partes no podrá ser reproducido o utilizado de ninguna forma sin el expreso consentimiento por escrito del editor excepto por breves citaciones para reseñas del libro.

El escaneado, subida y distribución de este libro por medio de la Internet o cualquier otro medio sin el expreso consentimiento del editor o autor es ilegal y podrá ser sancionada por la ley. Sólo compre ediciones autorizadas de este libro. Por favor, consulte con su médico antes de entrenar y utilizar este libro.

DEDICATORIA

Este libro está dedicado a mi familia por estar siempre conmigo sin importar la situación.

ACERCA DEL AUTOR

Hola, mi nombre es Joseph Correa y he estado entrenando y enseñando tenis por más de 15 años. He jugado al tenis profesionalmente por años y soy ahora entrenador profesional certificado por el USPTR (Registro Profesional de tenis de los Estados Unidos).

Luego de años de competir y entrenar con algunos de los mejores del mundo he aprendido que la mayoría de la gente puede ser muy exitosa en la competencia con un correcto entrenamiento mental, físico y emocional.

Está científicamente comprobado que se deben realizar técnicas, ejercicios y etapas paso a paso para alcanzar su máximo potencial y por esa razón, he preparado el primer grupo de DVDs y libros de entrenamiento que muestran como alcanzar sus objetivos.

Con la ayuda de mi trabajo y enseñanza, he ayudado a que cientos de jugadores de tenis, principiantes y profesionales, avancen en sus objetivos físicos, mentales y de rendimiento para obtener grandes resultados.

Le enseño todo lo que necesita para alcanzar sus objetivos y espero que disfrute y comparta estas lecciones e ideas con aquellos a quienes ama. Para conocer más acerca de las lecciones enseñadas en mis libros y DVDs visite: tennisvideostore.com. Muchos más libros serán publicados este año con ejercicios y técnicas avanzadas.

CONTENIDOS

Derechos del Autor

Dedicatoria

Acerca del autor

Ley#1 "Conozca a su oponente"

Ley#2 "El partido termina, cuando termina"

Ley#3 "Prepárese para el éxito"

Ley#4 "Mantenga su cara de nada"

Ley#5 "Oculte sus debilidades, explote las de ellos"

Ley#6 "Aquel que logra meter la pelota adentro, gana"

Ley#7 "Sea fiel a sí mismo"

Ley# 8 "Aquel que golpea primero, golpea dos veces"

Ley#9 "Sea falso para ganar"

Ley#10 "Derrumbe las paredes"

Ley#11 "Aprenda de cada partido"

Ley#12 "Adquiera sabiduría"

Ley#13 "Sepa sus reglas"

Ley#14 "Arme su tablero de ajedrez"

Ley#15 "Encuentre su patrón de juego"

Ley#16 "El peón le hace jaque mate al rey"

Ley#17 "Arme una base"

Ley#18 "No deje que se seque su aljibe"

Ley#19 "La mente por sobre el problema"

Ley#20 "Dé regalos solamente para los cumpleaños"

Ley#21 "Debe tener un corazón de león"

Ley#22 "Elija su arma"

Ley#23 "Perfección por imitación"

Ley#24 "El trébol de cuatro hojas"

Ley#25 "Humor para los valientes"

Ley#26 "Vaya donde está la fiesta"

Ley#27 "Pasos de bebé para los gigantes"

Ley#28 "Su segundo servicio: que le sirva bien"

Ley#29 "Sin jalea, sólo pan y manteca"

Ley#30 "Consiga unas ruedas"

Ley#31 "Vea el futuro"

Ley#32 "Sea el primero y el último"

Ley#33 "Véase a sí mismo"

Más títulos por Joseph Correa

Ley#1

"Conozca a su oponente"

Conocer contra quién estará jugando antes de que comience el partido es extremadamente importante. Probablemente, ellos ya hayan hecho su tarea y sepan acerca de usted más de lo que pueda imaginarse. De ser así, debería recorrer y preguntar acerca del jugador contra quien va a jugar. Puede preguntarles a sus amigos, a antiguos adversarios, a compañeros de equipo, a cualquiera que pueda brindarle información acerca de su oponente. Esta información sólo e será útil antes de que comience el partido, luego aprenderá lo restante en la cancha. Incluso si su oponente no lo ha estado investigando, haga su tarea con respecto a él o ella.

Existen dos razones principales por las cuales es beneficioso explorar a su oponente: La primera es porque podrá analizar sus fortalezas y sus debilidades. La segunda razón es porque le dará tiempo para ensayar el partido en su mente antes de siquiera pisar la cancha. Otra palabra utilizada para este tipo de práctica mental es "visualización". Puede practicar los golpes y estrategias que desea usar, en su mente sin cansarse físicamente.

El alto rendimiento en el tenis depende mayormente de esta práctica. Mucha gente sueña despierto con su partido y cómo harán para jugarlo sin darse cuenta que están visualizando su juego. La mayoría de nosotros lo hemos hecho alguna vez. Cuando sabe cómo juega su oponente, qué les gusta y qué no les gusta hacer, sus capacidades mentales y físicas, usted puede generar un plan de juego preciso. Las capacidades mentales muestran qué tan fuerte es el aspecto mental de su juego. Las capacidades físicas muestran qué tan bien preparados están para competir físicamente. Tal vez su oponente esté investigándolo y sepa cómo jugar contra usted. Él tiene el filo y usted no desea esto. Lo mejor que puede hacer antes del comienzo de un partido es estar preparado. Conozca a su oponente.

Ley#2

"El partido termina, cuando termina"

Los partidos a menudo se convierten en concursos donde ambos jugadores están esperando a ver quién se rinde primero. Afortunadamente para usted, un partido puede ser ganado aún si está a un punto de perder. Mucha gente ha ganado luego de haber estado 6-0, 6-0, 0-40 abajo. Esto es lo que hace al tenis tan competitivo. Usted debe estar concentrado hasta el final del partido.

La confianza juega un papel muy importante en la competencia, ya que un competidor débil mentalmente puede ir ganando un partido y luego perderlo. Otras veces, él o ella pueden estar perdiendo el partido y no esforzarse para recuperarse o al menos darle pelea. Muchos jugadores han aprendido a no permitir que las circunstancias pasadas afecten sus futuros partidos de manera negativa. Un buen competidor peleará hasta el mismo final porque él o ella pueden recuperarse y ganar un partido a pesar del resultado. Otros buenos competidores saben cómo no permitir que un oponente se recupere en un partido y finalmente acabarlos. Terminar un partido y recuperarse de un déficit es una de las cosas más difícil de lograr en cualquier nivel de juego. Asegúrese de recordarse a sí mismo que "el partido termina, cuando termina" así se convertirá en un competidor temido por los otros por su perseverancia.

Aplicación:

Practique jugar desde 5-0 o 4-0 en cada set y luego termine el partido. Tan pronto como termine su primer partido alterne con su compañero de práctica. Debería jugar muchos sets para acostumbrarse a esta mentalidad.

Ley#3

"Prepárese para el éxito"

El éxito les viene a aquellos que están preparados para él. Como en la vida, ésta debería ser su mentalidad en la cancha de tenis. Algunos jugadores se visten, se ponen bloqueador solar, toman unas pelotas y su raqueta y se dirigen a la cancha. Allí golpean un par de pelotas y dicen "servicio listo". Muchas personas sólo tienen algunos minutos para prepararse para su sesión de práctica o su partido y su comportamiento sería bastante razonable debido al corto tiempo que tienen disponible.

Ahora, tomemos otro enfoque a la preparación. Primero, haga una lista del equipamiento que necesita y revise lo que lleva a la cancha. Cuando ya tenga lo que necesita físicamente, prepárese mentalmente para la competencia. Finalmente, haga un buen pre-calentamiento. Este es tan sólo un lineamiento general de un plan básico de preparación. Ahora veamos uno en particular. Estas son todas las cosas básicas que necesitará antes de entrar a la cancha.

Estas son sólo algunas. Puede agregar más si lo desea. Algunas de ellas pueden parecer tontas pero uno nunca sabe qué tan tonto y desesperado se puede sentir si no las tiene y las necesita. Evite pasar malos momentos teniendo las herramientas necesarias para el trabajo. No se sienta demasiado orgulloso por pedir ayuda, incluso a su oponente. Todos hemos estado en esas penosas situaciones y sabemos cómo se siente. Muchos de nosotros nos ayudaríamos felizmente unos a otros.

Ahora que ya tiene su equipo listo, ponga su mente en las tareas que están a mano. Algunos prefieren visualizar, otros prefieren energizarse o estimularse hablándose a sí mismos, y muchos escuchan música para relajarse. Algunos prefieren ver partidos de tenis en la TV o en la cancha. Todos tienen un enfoque distinto para conseguir lo que les hace mejor, prepararse mentalmente. Esta parte es muy importante en la preparación para un partido. No lo tome a la ligera.

Si quiere jugar al tenis por muchos años, realice un buen pre-calentamiento antes de cada práctica y de cada partido. Usted no se imagina los beneficios de pre-calentar correctamente.

Comience con un suave estiramiento, esto logrará que sus músculos sean más elásticos. Luego trote por unos minutos. Puede trotar en el lugar o alrededor de una cierta área, mientras que logre calentar su cuerpo. Luego de esto, haga un poco de mini-tenis y gradualmente tome distancia de la red hasta llegar al fondo de la cancha donde pueda lentamente incrementar la velocidad de la pelota.

Ley#4

"Mantenga su cara de póker"

La mayoría de la gente estaría de acuerdo que algunos de los mejores jugadores de póker del mundo son aquellos que pueden mantener la misma cara sin mostrar que tienen buenas o malas cartas. Esto puede parecer extraño de creer para algunos pero es especialmente verdadero en el tenis. Ha notado cómo los jugadores más difíciles de vencer mantienen una cara lisa y casi no muestran sus emociones ni cambios en sus gestos? Esto puede ser frustrante para quienes quieren ver a sus oponentes quejarse y revolear sus raquetas cuando hicieron una mala jugada o cuando pierden un punto crucial. Los jugadores con cara de póker son competidores duros porque no transmiten sus verdaderos sentimientos mientras están en la cancha. Aún cuando estén desesperados por ganar, prefieren mostrar esa necesidad a través de la calma y la concentración. No crea que no tienen emociones. Están ocultas por el momento. Intente este enfoque para ser un mejor competidor. Tal vez se desempeñe mejor cuando deja ver sus emociones y eso está muy bien, pero para quien quiera intentar algo nuevo, este es un buen comienzo. Puede cambiar la forma en que veía al tenis, y puede comenzar a ver cosas que antes no veía y estaban presentes. Grandes cosas pueden ocurrir cuando se concentra y se enfoca en la tarea que esta a mano. Cuando está calmo y sin emociones, uno mejora su concentración. Mantenga una cara de póker cuando juega para ver quién está alardeando y quién tiene realmente lo que se necesita para ganar.

Ley#5

"Oculte sus debilidades, explote las de ellos"

Alguna vez ha notado cómo algunos jugadores parecen ser perfectos en la cancha? Por qué nadie ha podido romper su juego? Tal vez sean muy buenos escondiendo cosas. Cosas que no desean que usted sepa, como una debilidad? Si usted no conoce sus debilidades, dónde los va a atacar? En un partido, un jugador está en desventaja cuando no conoce las debilidades de su oponente.

Antes de que comience el partido, encuentre cuál es la debilidad de su oponente y descubra como puede explotarla. Pregunte a otros jugadores y a sus amigos si ellos conocen a esta persona. Incluso puede buscar su nombre en la Internet y ver qué información útil hay allí para usted. Si nadie conoce a esta persona, averigüe usted mismo durante el pre-calentamiento. Golpee unas pelotas a su derecha y luego a su revés. Luego de eso, intercale la altura y efecto de la pelota. Eventualmente encontrará algo que hacen peor en el resto de su juego.

Por ejemplo, cuando usted tiene un revés débil, aprenda a girar para golpear la pelota de derecha. Otro ejemplo podría ser si su debilidad es su falta de entrenamiento físico, no querrá largos intercambios desde la línea de fondo. En este caso es mejor atacar la red o mantener los puntos cortos. De esta forma estará ocultando sus debilidades y explotando las de ellos.

Aplicación:

Haga que su compañero de práctica le ataque en sus debilidades con su mejor golpe, al principio se sentirá incómodo, pero esto le ayudará a sobreponerse a estas situaciones en un partido. Luego, haga que su compañero golpee con su lado débil y usted responda con su mejor golpe (estarían haciendo lo opuesto). Esto le dará una mejor comprensión de qué tan habilidoso es con su mejor golpe y cuánto necesita mejorarlo. Estará aprendiendo a jugar defensiva y ofensivamente.

Ley#6

"Aquel que logra meter la pelota adentro, gana"

Existen diversas filosofías acerca de cómo se debería jugar al tenis. Posiblemente, la más simple sea "quien logra meter la pelota adentro de la cancha, gana". Cuando la pelota va a la red o sale por las líneas laterales, usted pierde el punto. Y cuando mantiene la pelota dentro de la cancha, usted gana. Esto puede parecer muy elemental, pero algunas de las cosas más difíciles de lograr son a veces las más simples.

Aplicación:

Para concretar esta ley, practique la consistencia. Logre embocar 10 pelotas sobre la red y dentro de la cancha en forma consistente. Cuando haya conseguido 10, trate de lograr 20. Decida cuál es su objetivo y luche para conseguirlo. Por ejemplo, mi objetivo este mes es conseguir 100 peloteos con mi compañero. Cuando haya logrado esto, puede comenzar a ser más específico con respecto al área, altura y efecto con el que desea golpear la pelota. Esto será explicado con más detalle en la ley#24.

Ley#7

"Sea fiel a sí mismo"

En partidos cerrados, todos sentimos la necesidad de gritar que una pelota ha salido fuera cuando está cerca de la línea. Ha oído alguna vez la frase "Si estás en la duda, diga que salió fuera"? Esto, por supuesto, no es ético ni correcto. No permita que la presión del momento lo convierta en un jugador injusto. Si es una pelota dudosa y no está seguro, repita el punto. Eso es lo correcto. Se ahorrará mucho tiempo y algunas discusiones calientes. Sea fiel a sí mismo. Llame la pelota fuera si realmente lo ha visto. Se sentirá mucho mejor y será respetado por los demás.

Aplicación:

Mire partidos en vivo e intente decir si la pelota va dentro o fuera en su cabeza, no en voz alta. De esta forma practicará ver disparos cerca de la línea más frecuentemente incluso cuando no esté jugando. Luego de un tiempo, logrará saber instintivamente cuando una pelota fue buena o mala.

Ley#8

"Aquel que golpea primero, golpea dos veces"

Cada vez que ataque en un punto estará a cargo y tendrá más opciones de terminar el punto. En otras palabras, cuando comienza atacando, será capaz de continuar siendo ofensivo (la mayor parte del tiempo). No espere a que ocurran las cosas. Salga allí y haga lo mejor para ser quien esté a cargo del punto. Aprenda a ser proactivo y no reactivo. Una persona proactiva actúa por adelantado para manejar una dificultad inesperada. Una persona reactiva responde a un estímulo. En el tenis reaccionar ante cosas que ocurren en la cancha es normal. Cuando aprenda a ser proactivo, sus chances de ganar incrementarán. Tome control del punto. Golpee primero así golpea dos veces.

Ley#9

"Sea falso para ganar"

Mucha gente siente que no tiene la suficiente confianza o coraje para ganar un partido in situaciones bajo presión. Por qué no ser un actor en la cancha y jugar el rol del tenista corajudo y con confianza? Sea falso y ganará más de lo que piensa. Elija la forma en que quiere ser visto dentro y fuera de la cancha. Se sentirá un tanto incómodo al principio, pero se acostumbrará a ello con algo de práctica. Algunas personas no comprenden la importancia que tiene la imagen que usted ejerce sobre la cancha.

Un ejemplo de esto, podría ser si usted ha jugado un primer set muy largo y se siente muy cansado. Su oponente también se siente cansado, pero usted decide continuar de manera enérgica y positiva. Haga que piensen que usted puede hacer esto por otros dos sets. Esto puede ser muy desmoralizador para cualquiera. Lo mirarán una vez y notarán que no tienen ni siquiera una chance (aunque ambos se sientan igual de cansados). Su oponente decide que no puede afrontar un segundo set contra alguien que pareciera no cansarse entonces elige dejar pasar la situación. Qué tal eso! Esto no siempre ocurre. Ser falso seguramente mejore sus posibilidades de ganar. Todos los actores trabajan duro para mejorar su imagen. Saben que su éxito depende de esto. Tal vez no gane un "Oscar" por su actuación, pero sí ganará más partidos.

Ley#10

"Derrumbe las paredes"

Cada tenista tiene su propio castillo que proteger. Sus paredes previenen a los enemigos de irrumpir. Pero si esas paredes fueran demolidas, ese castillo tiene muy pocas chances. Las paredes de algunos tenistas son sus saques de derecha o sus reveses. Otros tienen velocidad o paciencia como paredes. Cuando usted rompe la pared de un jugador, abre una puerta para atacar su lado más débil. Aprenda a "derrumbar las paredes" y así ganará más batallas.

Aplicación:

Haga que su compañero de práctica sea el jugador agresivo y usted juegue defensivamente. En otras palabras, su compañero de práctica lo atacará e intentará terminar el punto mientras que usted intenta mantener la pelota en juego esperando que él falle. Una vez que logran alcanzar el ritmo, intercambien lugares. Ahora será usted el jugador agresivo y su compañero será el jugador defensivo. De esta forma aprenderá a derrumbar esas paredes y avanzará al territorio más débil. Recuerde que está trabajando para desarmar a su contrincante de alguna u otra forma.

Ley#11

"Aprenda de cada partido"

Los errores están justificados cuando usted aprende de ellos y los corrige. No se acostumbre a cometer errores naturales sin aprender de ellos. Esto lo lastimará en situaciones competitivas en un partido. La mejor forma de ver los errores naturales es como un proceso de aprendizaje que llevará tiempo y dedicación. Continúe reparando y corrigiéndolos mediante sus prácticas y partidos y vea su nivel de tenis elevarse hasta el cielo. Cada partido nos dice algo. Es un despertar. Debemos abrir nuestros ojos y ver lo que debemos ver. Tanta sabiduría puede ser acumulada a través de la experiencia. Escriba un diario con todas sus experiencias así puede crecer mediante su sabiduría. Intente usar este ejemplo de "diario posterior a los partidos":

Diario posterior al partido

Fecha:

Oponente:

Torneo:

Califíquese del 1 al 10:

(10 siendo su mejor actuación)

Lo que he hecho bien en el partido:

Lo que he hecho mal en el partido:

Lo que he aprendido:

Lo que haré para aplicar lo que he aprendido:

Muchas veces no aprendemos de nuestros errores porque nadie nos los recuerda. Recuérdese a sí mismo todas las pequeñas cosas que necesita hacer para continuar mejorando y consiguiendo sus objetivos. Lea su "diario posterior al partido" por lo menos una vez a la semana.

Ley#12

"Adquiera sabiduría"

Pelota de tenis + Raqueta + Sabiduría = Éxito

No sea tan orgulloso y pida ayuda. Muchos instructores de tenis querrán ayudarle con gusto si usted se los pide. Tenga en cuenta que algunos están más especializados en ciertas áreas que otras. Debe saber qué es lo que quiere mejorar o aprender y luego pida que lo ayuden. Ahorrará mucho tiempo aprendiendo de sus errores, que cometiendo sus propios errores y teniendo que aprender de ellos. Información acerca de todo tipo de temas relacionados con el tenis puede ser encontrada en libros, revistas, videos y en Internet.

Cuanto más sabe, más creativo puede ser con su juego de tenis. Será mejor tomando decisiones cuando tiene más información para decidir.

Ley#13

"Sepa sus reglas"

Es muy útil saber cuáles son las reglas del tenis. Algunas personas no se dan cuenta de cuántas ventajas pueden obtener teniendo conocimiento acerca de:

Dimensiones de la cancha

Reglas de singles

Reglas de dobles

Reglas de dobles mixtos

Raquetas

Pelotas

La red

La orden de servicio

Entrenamiento

Reglas de tenis sobre silla de ruedas

Sabía usted?

Sabía usted que la red es más baja en el centro de la cancha? Y sabía que cuando juega cruzado, en realidad está haciendo un golpe de alto porcentaje (un tiro que tendrá mayor porcentaje de entrar que si usted va hasta la línea) ya que la distancia del juego cruzado es mayor que la distancia hasta la línea? Como puede ver, las reglas del tenis pueden ser muy útiles cuando quiere jugar más sabiamente y más eficientemente.

Aplicación:

Obtenga una copia del reglamento de su asociación de tenis y reléalo para ver cuántas cosas nuevas ha aprendido de él. Mire la sección donde está el tiempo que hay entre los puntos, los juegos, los sets y los partidos. Luego tome ventaja de esta sabiduría. Practique tomarse el tiempo entre los puntos y los cambios de lado así se acostumbrará a os períodos cortos de tiempo que usted tiene en la competencia. Practique también jugar puntos dándose no más de 30 segundos de descanso. Trabaje en su acondicionamiento físico. Esto le ayudará a mantenerse con el ritmo que desea para mantenerse todo el partido.

Ley#14

"Arme su tablero de ajedrez"

El tenis es como un tablero de ajedrez; debe colocar las piezas en los lugares correctos. Cuando usted se posiciona en el lugar correcto en el momento preciso, usted se encuentra golpeando un tiro ideal. Las cosas no ocurren solas, usted debe hacer que ocurran. Esté listo para improvisar.

Aplicación:

Primero, trabaje en saber realizar todos los golpes básicos. Cuando haya logrado esto, intercale diferentes golpes en diferentes situaciones. Esto le ayudará a crear un plan de juego para cada partido.

Práctica #1

Alterne golpear un tiro con efecto alto y un tiro con golpe de costado con su derecha. Intente no repetir el mismo efecto dos veces. Sólo su compañero de práctica puede seguir un patrón y golpear repitiendo efectos. Cuando logre hacer esto con su lado derecho, haga lo mismo con su revés. Usted alterne efectos y su compañero deberá golpear con el mismo efecto. Luego, intercambie con su compañero.

Práctica#2

Un jugador lanza un tiro cruzado mientras que el otro lanza un tiro directo a la línea. Este patrón dibujado por los golpes tiene la figura de un ocho (8). Cuando haya terminado de practicar, cambie el patrón entre usted y su compañero.

Ley#15

"Encuentre su patrón de juego"

Muchos jugadores aprenden a jugar al tenis de una forma que puede ser, a veces, predecible. Aprenden a golpear la pelota hacia un cierto lugar una y otra vez. También aprenden a hacer ciertas cosas en situaciones específicas como en un punto de set o en el punto de partido. Si uno aprende su patrón de juego, se puede predecir que es lo que harán. Cuando usted aprenda a descifrar el patrón de juego de su oponente, él ya no podrá sorprenderlo. Su juego será vulnerable una vez que usted sepa dónde irá la pelota y lo que hará para tomar ventaja de esa situación.

No necesita ser un matemático para a prender a descubrir los patrones de juego. Observe algunos partidos de tenis en su barrio o en la TV. Intente encontrar distintos patrones de juego en cada punto, en cada juego, en cada set, o incluso en el partido entero.

Ley#16

"El peón le hace jaque mate al rey"

En el ajedrez, en algunas oportunidades se encontrará en situaciones donde deberá usar sus piezas más débiles para ganar. En el tenis, esto ocurre muy seguido. Es muy difícil levantarse cada día y jugar como el mejor. Cada tanto, jugará un partido y su juego de tenis no estará en su punto máximo y entonces es allí donde deberá sacar al campeón que hay en usted. Ganar cuando uno está en un nivel más bajo del que está acostumbrado puede ser un gran desafío, pero es aquí donde usted se separa del resto. Sea victorioso en sus mejores y peores momentos.

Aplicación:

Juegue un partido donde su compañero de práctica ataque sus puntos débiles con su mejor golpe. Haga esto por no más de cuarenta y cinco minutos y luego intercambien posiciones. Cuando ambos hayan terminado por lo menos dos sets, juegue algunos puntos de práctica en los que pueda golpear hacia donde quiera y ver qué tan cómodo se siente cuando debe enfrentar buenos tiros en su lado débil.

Juegue un partido competitivo con alguien más, que no sea su compañero de práctica. Compare su rendimiento con sus partidos anteriores dónde su debilidad era la causa de su pérdida. Notará que ha logrado una mayor confianza en su lado débil. Esto le ayudará a ganar partidos más duros aún cuando no esté jugando su mejor partido. Existen otras técnicas que pueden ser utilizadas en distintas circunstancias, pero este es un buen comienzo.

Ley#17

"Arme una base"

En la vida, usualmente tenemos distintos planes para los mismos objetivos. Tenemos un plan A y si el plan A no nos sirve, entonces recurrimos al plan B. Cuando el plan B no nos funciona, utilizamos el plan C. Esto se denomina crear una base estratégica. En tenis, tal vez deba cambiar sus planes de juego varias veces durante un partido. Es sabio tener una estrategia base o al menos una estrategia que creamos la mejor, diseñada especialmente para nuestro oponente. Cree una base y cuando haya hecho esto, piense algunas alternativas para utilizar en caso de que algo salga mal.

Obviamente, usted tendrá el plan A que es su mejor estrategia o el juego con el cual usted se siente más cómodo. Ahora necesita decidir cuál será su plan B. Si su plan A está basado en demoler puntos ganadores desde la línea de fondo, su plan B debería ser atacar la red. De esa forma usted acelerará el ritmo de juego. Finalmente, el plan C podría ser tan sólo mantener la pelota en juego y esperar a que su oponente cometa los errores. Esto frenará su ritmo de juego.

Si algo no sale bien para usted, intente ir del plan A al plan B. Si el plan B no es la solución, intente el plan C. Siempre debe tener al menos tres estrategias en las cuales apoyarse, pero primero diseñe una base. Su base deberá ser el plan con el cual comience cada partido. Usualmente es aquel que le ha brindado los mejores resultados en el pasado y con el cual usted se siente más cómodo.

Ley#18

"No deje que se seque su aljibe"

La forma más lógica de ganar es mediante sus armas. Pero cuando usted utiliza demasiado un arma, su oponente se acostumbra a ella. Esto es peligroso para usted. Es bueno mantener a los oponentes expectantes. Use su arma lo más posible pero intercale con otros golpes para que pierdan el equilibrio. No permita que se acostumbren a ver el mismo patrón o el mismo golpe demasiado seguido. No deje que se seque su aljibe. Sea impredecible.

Aplicación: Una buena forma de aprender o mejorar la manera en que intercala sus golpes es siendo específico en su práctica. Juegue algunos puntos con su compañero de práctica donde ninguno de los dos pueda golpear dos veces el mismo tiro. Al principio, haga esto sin hacer saques. Tan sólo comience el punto con un lanzamiento bajo. Un ejemplo de este ejercicio podría ser:

Lance un golpe de derecha

Con efecto alto

Con un golpe de costado

Plano

Profundo en la cancha con efecto alto

Corto en la cancha con efecto alto

Profundo en la cancha con golpe lateral

Corto en la cacha con golpe lateral

Golpee un revés:

Con efecto alto

Con golpe lateral

Plano

Profundo en la cancha con efecto alto

Corto en la cancha con efecto alto

Profundo en la cancha con golpe lateral

Corto en la cancha con golpe lateral

Nota: Los golpes pueden ser repetidos mientras que sean alternados con otros golpes. Puede hacerlo tan simple como lo desee. Cuando logre hacerlo hábilmente, podrá añadirle cuantos golpes diferentes desee. Lo mejor es comenzar intercalando dos o tres tiros distintos y gradualmente ir agregando más con el tiempo.

Ley#19

"La mente por sobre el problema"

El tenis comienza como un juego físico pero luego trasciende a un juego más mental. Las cosas que nuestro cuerpo físico no puede hacer, nuestra mente puede hacerlas muchas veces. El poder de la mente es inimaginable. Las emociones y los pensamientos son extremadamente importantes cuando uno se pone nervioso o se siente incómodo en una competencia. Nuestro cuerpo hará cosas que nos maravillarán. "Por qué no levanté mi brazo un poco más alto para conseguir que la pelota pase sobre la red?" Lo que debemos recordar es que nuestra mente controla nuestro cuerpo y tan sólo está haciendo lo que nuestra mente le ha dicho que haga. Trabaje para controlar sus emociones. Ellas pueden ser grandes aliadas en los momentos necesarios. La concentración es básica en la competencia. Es una de las cosas más difíciles de dominar, pero en sí muy valiosa.

Ley#20

"Dé regalos solamente para los cumpleaños"

La mayoría de nosotros sabemos qué tan importante es no regalar puntos en un partido y especialmente cuando se trata de uno ajustado. Muchas veces damos regalos que a la larga nos lastiman. Minimice esos regalos o errores involuntarios cuando compite. Solamente de regalos para los cumpleaños.

Aplicación:

Una forma excelente de minimizar los regalos es mejorando su consistencia. La próxima vez que salga a la cancha de tenis luego de haber pre-calentado, tome sólo una pelota y mantenga esa pelota en juego con su compañero de práctica tanto tiempo como sea posible. Debe acostumbrarse a mantener la pelota en juego desde el primer punto. Cuando practique esto, cuente cuántas veces lograr meter la pelota dentro de la cancha sin fallar. Cuando haya perdido esa primera pelota luego de haberla mantenido en juego por un tiempo, elija un lado específico, un golpe y un efecto con el que quiera golpear la pelota y realice el mismo ejercicio de consistencia. Por ejemplo: Lance golpes de derecha cruzados con efecto alto. Intente mantener la pelota en juego la mayor cantidad de tiempo posible sin fallar y luego escriba la cantidad de veces que la pelota entró en la cancha. Haga esto por cada lado que practique (de derecha y de revés) y compárelo con sus siguientes días de práctica. Debería realizar esto con los siguientes ejercicios: golpes de derecha cruzados, golpes de revés cruzados, golpe de derecha y revés hasta la línea y golpes de revés y derecha hasta la línea.

Ley#21

"Debe tener un corazón de león"

Los partidos y torneos de tenis se ganan de diversas maneras. Algunos se ganan teniendo una habilidad extraordinaria. Otros se ganan por estar en mejores condiciones físicas que el resto. La forma especificada en esta ley es probablemente la más importante y la menos tenida en cuenta: el CORAZÓN. Tiene el poder de llevar nuestro nivel de juego a un diez perfecto. Puede convertirlo en alguien temido por sus competidores. Más importante aún, lo hará victorioso.

Ley#22

"Elija su arma"

Cuando comience a mejorar su nivel de tenis, se sentirá más en control. Este control es el comienzo de su especialización. Todos tienen algo que hacen mejor que el resto. Esto es lo que le permite control el punto mediante uno o todos estos: energía, ubicación, efecto, y consistencia. Esto se denomina su "arma". Cuánto más mejore su arma, más peligroso será. Algunos jugadores tienen saques impredecibles. Otros tienen poderosos golpes de derecha o de revés. Muchos ganan con su velocidad y atletismo. Encuentre su arma, y cuando lo haga, mejore su potencial creando una nueva arma. De esa forma tendrá dos armas y será una amenaza doble para los demás.

Ley #23

"Perfección por imitación"

Algunos de los más grandes artistas comenzaron imitando a sus pintores favoritos y luego lograron crear su propio estilo y forma de arte. Crear su propio estilo de juego también es algo maravilloso, pero esto puede llevarle un tiempo. El tenis también puede ser imitado y luego perfeccionado. Observe a un tenista profesional específico que tenga el estilo de juego que usted desea. Lea acerca de él o ella. Observe sus partidos por televisión. Intente imitar cada detalle, hasta que domine su estilo de juego. Cuando lo haya logrado, hágalo propio y vaya ajustándolo hasta que se sienta cómodo. Recuerde, no se convierta en la copia de otro tenista, sólo tome lo que hacen mejor y usted hágalo mejor aún.

Ley#24

"El trébol de cuatro hojas"

Los trébroles de cuatro hojas, una pata de conejo, una herradura son todos tipos de amuletos de la buena suerte. Es la suerte importante en el tenis? Si. Por qué? Bueno, porque existen algunas cosas que no podemos controlar sin importar lo que hagamos. Podemos dejar que la suerte sea un factor decisivo en el resultado de nuestro partido? No. Debemos mejorar nuestras chances al hacer cosas como: prepararse correctamente para un partido, analizar los oponentes, usar estrategias adecuadas, ser positivo y mantenerse concentrado. Estas son sólo algunas, pero es el comienzo. La suerte les llega a quienes la buscan. No espere el momento oportuno o el partido correcto para juagar a su máximo potencial. Hágalo ahora mismo. Comience desde el primer punto y continúe hasta el final del partido. Usted sabrá cuáles puntos y cuáles partidos fueron el resultado de la buena suerte. Esos puntos no vinieron sin un poco de trabajo duro.

Aplicación:

Haga su propia suerte y vea los resultados. La mejor forma de generar su buena suerte es poniéndose un objetivo. Elija objetivos que puedan ser medidos. De esa manera verá su progreso y podrá decidir si debe realizarle algunos cambios a sus objetivos. Una vez que conozca cuáles son esos objetivos, decida cómo hará para alcanzarlos y escríbalo. Luego, piense objetivos diarios que le ayudarán a lograr sus principales objetivos.

Escriba sus objetivos diarios en una ficha y llévelo donde quiera que vaya. Cada vez que esté a punto de hacer algo, pregúntese: Esto me acerca a mi objetivo? Si no es así, entonces deje de hacerlo. Si es así, entonces usted se encuentra camino al éxito.

<u>Este es un ejemplo simple</u>:

Su objetivo puede ser: "mejorar el porcentaje de mi primer saque en un 20%"

Ahora debe decidir qué necesita hacer para hacerlo realidad:

Conseguir un experto que observe mi saque.

Practicar mis saques una "X" cantidad de veces por semana.

Darle más efecto a la pelota.

Mejorar mi aceleración.

Incrementar mi fuerza de piernas.

Utilizar obstáculos en mis prácticas (conos, pelotas, etc)

Ahora convierta esas ideas en objetivos diarios y escríbalos en una ficha para poder revisarlos varias veces al día.

Ley#25

"Humor para los valientes"

Cuando está en partidos ajustados y las cosas no salen de la forma que usted desearía, uno tiende a ponerse de mal humor, negativo y descuidado. Cómo utilizan algunos tenistas estos momentos para fortalecerse? La mayoría de los errores por descuido que usted hace en puntos importantes ocurren por la presión que usted siente en ese momento. Una gran forma de deshacerse de esa presión es mediante el humor. Cada vez que cometa un error tonto, ríase de él. Usted no se imagina cuán relajado se sentirá y cómo esto afectará su juego positivamente. Cuando está de buen humor, la mayoría de las cosas tienden a salir como usted quiere. Sí, aún quiere ganar y todavía siente la presión, pero sonreír y reírse de los errores lo mantendrá competitivo. Cuando usted es competitivo luchará hasta el final y todos podrán sentirlo. No tome la salida fácil y salga de la cancha gritando y revoleando su raqueta. Disfrutará más del tenis si se ríe en los malos momentos y también en los buenos.

Ley#26

"Vaya donde está la fiesta"

Cuando sienta que practicar con su compañero de práctica o en un determinado centro deportivo ya no le es suficiente, encuentre una alternativa. Si no está mejorando su nivel de juego de la forma que querría o simplemente desea comenzar a competir regularmente, vaya donde está la fiesta. En otras palabras, vaya donde pueda entrenar de la forma que quiera o donde pueda competir con quien desee. Si desea continuar haciendo las mismas cosas seguirá obteniendo los mismos resultados. Depende de usted. Qué quiere hacer con su juego de tenis? Vaya hacia donde necesite ir.

Ley#27

"Pasos de bebé para los gigantes"

Los verdaderos campeones saben lo que se necesita para convertirse en mejores. Todo comienza con algunos primeros pasos y continúa con más pequeños pasos, no saltos. Todo lo que haga parecerá sin sentido mientras se toma su tiempo para hacerlo. Primero, usted a prender a conducir a 10 millas por hora. Luego aprende a manejar un poco más rápido, digamos a 25 millas por hora. Luego, a 50. Finalmente, luego de sucesivos pasos pequeños, logra alcanzar las 100 millas por hora. No se frustre si sus logros son pequeños, mientras que sean graduales. Estos pequeños mejoramientos son la semilla para un futuro crecimiento. Quiere convertirse en un gigante del tenis? Entonces comience por dar pasos de bebé hacia el éxito.

Ley#28

"Su segundo servicio: que le sirva bien"

El segundo servicio puede ayudarlo o perjudicarlo en el tenis. Un buen segundo saque logrará que consiga algunos puntos fáciles o al menos lo pondrá en una buena posición para comenzar el punto. Si se segundo servicio es malo hará que cometa dobles faltas repetidamente y le permitirá a su oponente controlar el punto desde el comienzo. Practique estos útiles ejercicios para aumentar el porcentaje de sus segundos servicios.

Ley#29

"Sin jalea, sólo pan y manteca"

Aprenda a tener golpes y tiros claves para utilizar en situaciones críticas. Bajo situaciones de presión nuestro cuerpo y nuestra mente intentan lograr realizar el trabajo, pero en ocasiones nos sobrepasamos. Cuando nuestra mente debe tomar decisiones críticas en períodos de tiempo cortos, tal vez no tomemos las decisiones correctas. En el tenis, es crucial identificar y tomar decisiones acertadas aún cuando tenemos poco tiempo. Una excelente manera de ayudar a nuestra mente a tomar decisiones en corto tiempo es anticipando lo que haremos en una situación bajo presión.

Un ejemplo de un tiro predeterminado sería si usted decidiera que cuando necesita un punto específico, intentaría un golpe de aproximación y correría hacia la red. Ya que allí es donde usted se siente más cómodo y puede ejercer la mayor cantidad de presión.

Otro ejemplo de un tiro predeterminado podría ser si abriera la cancha con un tiro amplio y luego terminara el punto al golpear a la cancha abierta. Existen muchas estrategias posibles. Lo más importante es saber de antemano que haremos cuando necesitemos reaccionar o qué tiro lanzaremos en un determinada situación. De esta manera nuestra mente podrá realizar su trabajo libremente y no deberemos sobre-analizar la situación.

Ley#30

"Consiga unas ruedas"

Piernas rápidas, flexibles y poderosas son cruciales en el tenis. Ellas le llevan hasta la pelota y le preparan para el golpe. Présteles atención. Ha notado alguna vez que el tenis es un deporte que requiere correr mucho? Qué pasaría si usted pudiera correr el doble de rápido? Podría alcanzar la pelota dos veces más rápido? La fuerza de sus tiros proviene de sus piernas. Esta es su base, donde su golpe comienza y termina.

Ley#31

"Vea el futuro"

Aprenda a anticipar el tempo, patrón y juego de su oponente. Intente moverse antes de que las cosas ocurran. Busque signos. Algunas personas creen que se necesita ser rápido como un rayo en la cancha, pero no comprenden que la velocidad puede ser incrementada al mejorar su capacidad de anticipación.

Ley#32

"Sea el primero y el último"

Sea el primero en entrar a la cancha y el último en salir. Si quiere ser mejor que los demás, entrene un poco más que el promedio de los jugadores. En situaciones de partidos, llegue temprano y prepárese antes de su actuación y luego de que el partido haya terminado, pase ese tiempo extra en la cancha reflexionando cómo fue el partido o la práctica.

Ley#33

"Véase a sí mismo"

La mayoría de ustedes nunca sabrá cómo juegan realmente. Escucharán todo tipo de comentarios de cómo juega y probablemente tenga una vaga percepción de cómo se ve en la cancha, pero usted realmente no se ve a sí mismo. La única forma de saber cómo usted juega es verse a sí mismo. Esto se puede lograr haciendo que alguien lo filme mientras juega y luego verlo para observarse realmente. Un teléfono celular o una cámara de video podrían servir. Si no tiene una, pídala prestada. Muchas verdades aparecen visibles cuando uno realiza este trabajo. Usted no puede imaginarse el impacto que esto tendrá en su vida en el tenis. Cambiará la forma en que usted se ve a sí mismo, para siempre. Haga que alguien lo filme desde distintos ángulos y distancias, así tendrá una mejor perspectiva. Véase a sí mismo!

MÁS TÍTULOS POR JOSEPH CORREA

Programa de entrenamiento de Saque fuerte de tenis

Este DVD le enseñará cómo realizar saques 10-20mph más rápidos con un programa de 3 meses, día a día. El mejor programa de entrenamiento de saques en el mercado. El video incluye un cuadro de entrenamiento de 3 meses y un manual paso a paso. Este DVD le muestra cómo hacer los ejercicios correctamente y el proceso que debería seguir para lograr el éxito en el programa.

Joseph Correa es un tenista profesional y entrenador que ha competido y enseñado por todo el mundo torneos ITF y ATP por varios años. Además de ser un tenista profesional posee la certificación de entrenador profesional de USPTR y la certificación ITF para entrenar niños.

Las 33 leyes del tenis

Las 33 leyes del tenis es un libro repleto de conceptos valiosos del tenis que le ayudarán a ser un mejor y bien preparado tenista. Escrito por un tenista profesional y entrenador de los Estados Unidos. Es un libro muy útil que será de gran ayuda cuando menos lo esperas y le recordará muchas pequeñas pero importantes cosas antes de competir.

Trabajo de pies y cardio para el tenis por Joseph Correa

Joseph Correa es un tenista profesional y entrenador que ha competido y enseñado por todo el mundo torneos ITF y ATP por varios años. Además de ser un tenista profesional posee la certificación de entrenador profesional de USPTR y la certificación ITF para entrenar niños.

Póngase en forma y mejore su movilidad dentro y fuera de la cancha de tenis. Su trabajo de pies mejorará drásticamente, asimismo reforzará su centro y cuerpo superior. Este es definitivamente valioso para un jugador de tenis sin importar su nivel. Será más rápido, más fuerte y más ágil en la cancha. También notará un incremento en la aceleración de sus golpes de piso y sus saques. Creado por un tenista profesional para otros jugadores para que avancen en su juego y ganen más partidos.

Tenis Yoga por Joseph Correa

Tenis Yoga por Joseph Correa es una gran forma de mejorar su flexibilidad y agilidad en la cancha. Alcance más pelotas y sufra menos lesiones. Es una gran manera de ganar más al trabajar en una parte diferente de su juego. El DVD dura aproximadamente 30 minutos. Utilizado por tenistas principiantes y profesionales para mejorar su juego y durar más en los partidos. Esta es la mejor manera para que un tenista sea más flexible y se libere de las más comunes lesiones de espalda, rodilla, hombros, tendones, pantorrilla y cuádriceps. Se alegrará de empezar! Esta es una versión mejorada de nuestra MBS Tenis Yoga 2012.

Abs del tenis por Joseph Correa

Los Abs del tenis es una gran forma de reforzar su centro para saques, golpes derechos y reveses más poderosos, así también como voleas más fuertes. Los abdominales son fundamentales para un juego mejor. Este DVD trabaja con varios tipos de ejercicios, sentadillas, y abdominales laterales y también ejercicios para la espalda que no encontrará en ningún otro video de abdominales. Siéntase con gran confianza cuando se cambia la camiseta durante su partido y golpee la pelota más fuerte!

www.ingramcontent.com/pod-product-compliance
Lightning Source LLC
Chambersburg PA
CBHW070242090526
44586CB00036B/2073